Consultora de lenguaje: Betty Root

Publicado por Parragon en 2008
Parragon
Queen Street House
4 Queen Street
Bath BA1 1HE, UK

Copyright © 2008 Parragon Books Ltd

Escrito por Gaby Goldsack
Ilustrado por Sara Walker
Traducción del inglés: Marina Bendersky para Equipo de Edición, S.L., Barcelona
Redacción y maquetación: Equipo de Edición, S.L., Barcelona

ISBN 978-1-4075-0942-6
Impreso en Indonesia

My Grandpa is Great

Mi abuelo es estupendo

Escrito por Gaby Goldsack
Ilustrado por Sara Walker

PaRragon

Bath · New York · Singapore · Hong Kong · Cologne · Delhi · Melbourne

My grandpa is **great**. He always has lots of time for me, even when he's busy. I always look forward to going to stay with him for the weekend.

Mi abuelo es estupendo. Él siempre tiene mucho tiempo para mí, aun cuando está ocupado. Siempre espero ansiosamente quedarme con él durante el fin de semana.

Grandpa is a lot like me.
He loves getting nice and dirty.
I just wish Grandma did, too!

El abuelo es muy parecido a mí.
Le gusta ensuciarse.
¡Ojalá a mi abuela también le gustara!

Grandpa is a **super** gardener.

His pumpkins are the biggest I've ever seen.

Mi abuelo es un **súper** jardinero.

Sus calabazas son las más grandes que he visto.

Well, that was until I saw even bigger ones at the county fair. Luckily, Grandpa doesn't mind— he's a **good sport!**

Bueno, eso fue hasta que vi unas aún más grandes en la feria del condado. Por suerte al abuelo no le importó; ¡él es un **buen competidor!**

My grandpa is a **great** fisherman.

Mi abuelo es un **gran** pescador.

But he always forgets the size
of the fish that he caught.
Luckily, I'm there to remind him!

Pero siempre olvida el tamaño
del pez que atrapó.
¡Afortunadamente estoy yo para recordárselo!

Grandpa knows all about nature. He knows
the names of all the birds and flowers.

El abuelo sabe todo sobre la naturaleza.
Conoce los nombres de todos los pájaros y las flores.

He even knows the quickest way to get away from danger! It's amazing how fast he can run.

¡Hasta sabe cuál es el camino más rápido para escapar del peligro! Es sorprendente lo rápido que puede correr.

Grandpa is a **fantastic** dancer. I love dancing with him, but sometimes it makes me feel a bit dizzy. I don't know where he gets his energy.

El abuelo es un bailarín **FANTÁSTICO**. Me encanta bailar con él, pero a veces después me siento un poco mareada.
No sé de dónde saca tanta energía.

Grandpa has lots of cool toys.
Sometimes he even lets me play with them!

El abuelo tiene muchísimos juguetes.
¡A veces incluso me deja jugar con ellos!

Grandpa is very handy around the house.
I can't wait to show Grandma what he's done to the
kitchen! My Grandpa is a **wonderful** cook, too.
He says that when I grow up he'll tell me the secret of
making a really good pizza.

El abuelo es muy hacendoso en la casa. ¡No puedo esperar para mostrarle a la abuela lo que él hizo en la cocina! También es un maravilloso cocinero. Me dijo que cuando crezca, me dirá el secreto para hacer una pizza realmente buena.

Sometimes Grandpa takes me
to watch the game.
He's the star of the team.

A veces el abuelo me lleva
a ver el partido.
Él es la estrella del equipo.

Grandpa tells me loads of **amazing** stories. It's hard to believe that he used to be a pirate.

El abuelo me cuenta historias **sorprendentes.** Es difícil creer que solía ser un pirata.

I wish I could have seen his
big, red pirate ship.

Me hubiera encantado ver su grande
y rojo barco pirata.

Sometimes, if I'm really lucky,
Grandpa lets me sleep in his tent.

A veces tengo mucha suerte y mi abuelo me deja
dormir en su tienda de campaña.

When he's with me, I'm never afraid.

Cuando él está conmigo, no le temo a nada.

When it's time to go home,
I wave goodbye to Grandpa.

Cuando es tiempo de regresar a casa,
saludo a mi abuelo.

He's probably really busy when I'm not there
to help. My grandpa is so kind and funny.
I love going to Grandpa's because...
my grandpa is G-R-E-A-T!

Seguramente está muy atareado cuando yo no estoy
para ayudarle. Mi abuelo es tan bueno y divertido.
Me encanta ir a lo de mi abuelo porque...
¡Mi abuelo es E-S-T-U-P-E-N-D-O!